田畑コレクション

型絵図

華

The TABATA Collection
'Kokataezu – hana –'
Traditional Japanese Stencil Designs 1 – Splendor

五代田畑喜八 編

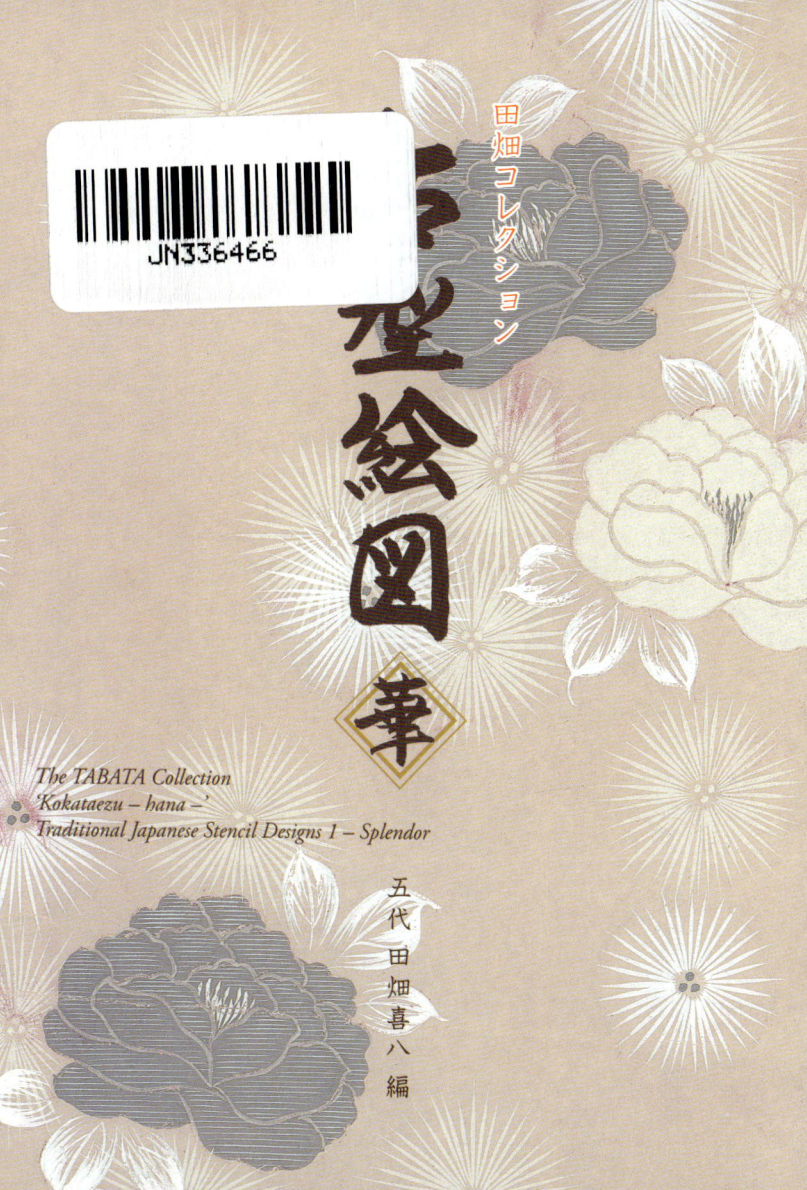

題字：五代 田畑喜八

The TABATA Collection
'Kokataezu – hana –'
Traditional Japanese Stencil Designs 1 – Splendor

First Edition January 2015
By Mitsumura Suiko Shoin Publishing Co., Ltd.
217-2 Hashiura-cho Horikawa Sanjo
Nakagyo-ku, Kyoto 604-8257 Japan

Author: TABATA Kihachi V
Publisher: Mitsumura Suiko Shoin Publishing Co., Ltd.
Printer: New Color Photographic Printing Co., Ltd.

Design: TSUJI Eriko (New Color Photographic Printing Co., Ltd.)
Program Director: YAMAMOTO Takahiro (New Color Photographic Printing Co., Ltd.)
Editor: OHNISHI Ritsuko (Mitsumura Suiko Shoin Publishing Co., Ltd.)

序

わが国における型紙の歴史は随分古く、奈良時代にその先駆をみることができるが、今日みられる型染の源流は鎌倉時代頃からだと考えられる。その頃は武具との関係が深く、鎧・兜などの皮革に使用され、室町時代から桃山時代には能の普及による能衣装や、小袖の発達に伴い、型紙が摺箔としてもさかんに用いられるようになり、江戸時代には武家の裃などにみられる小紋染、一般庶民の衣料や夜具類の中形染などとして発展する。明治期には化学染料の導入による型友禅の出現で、型による大量の友禅染の生産が可能となり、女性の振袖や訪問着などのきものを中心に染められ、今日に至っている。

ここに発表する図案は、明治から大正、昭和の初期にわたって考案された伊勢型紙の絵摺りで、千余点の中から制作年代は無視して、草花文様を中心に、できる限り今日に生きる文様という見地から厳選したものである。先人によって創案され、長い歴史の試練を経てきたこれらの文様が、染織界はいうに及ばず、デザインを必要とするあらゆる分野の人々に、伝統を現代に生かす指標として広く活用されんことを希求したい。

平成二十六年十一月

五代　田畑喜八

田畑コレクション

文政年間の創業以来、手描友禅の染匠の名家として約二〇〇年の歴史を誇る田畑家。初代から主に京都御所(公家関係)、二条城(武家関係)を中心とした上流階級の奥方、姫君の衣裳を承る誂染師として活躍してきました。五代二〇〇年の歴史の中で集められた貴重な資料をご紹介いたします。

目次

Contents

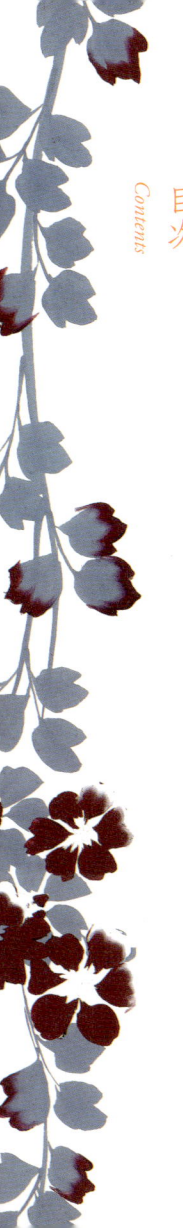

松・竹(笹)・梅

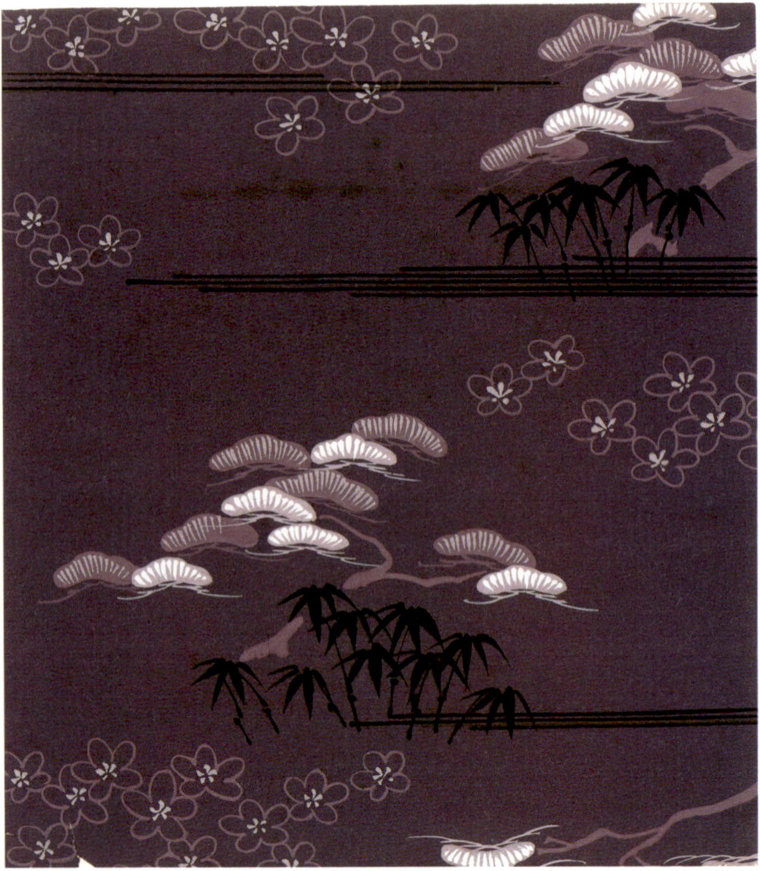

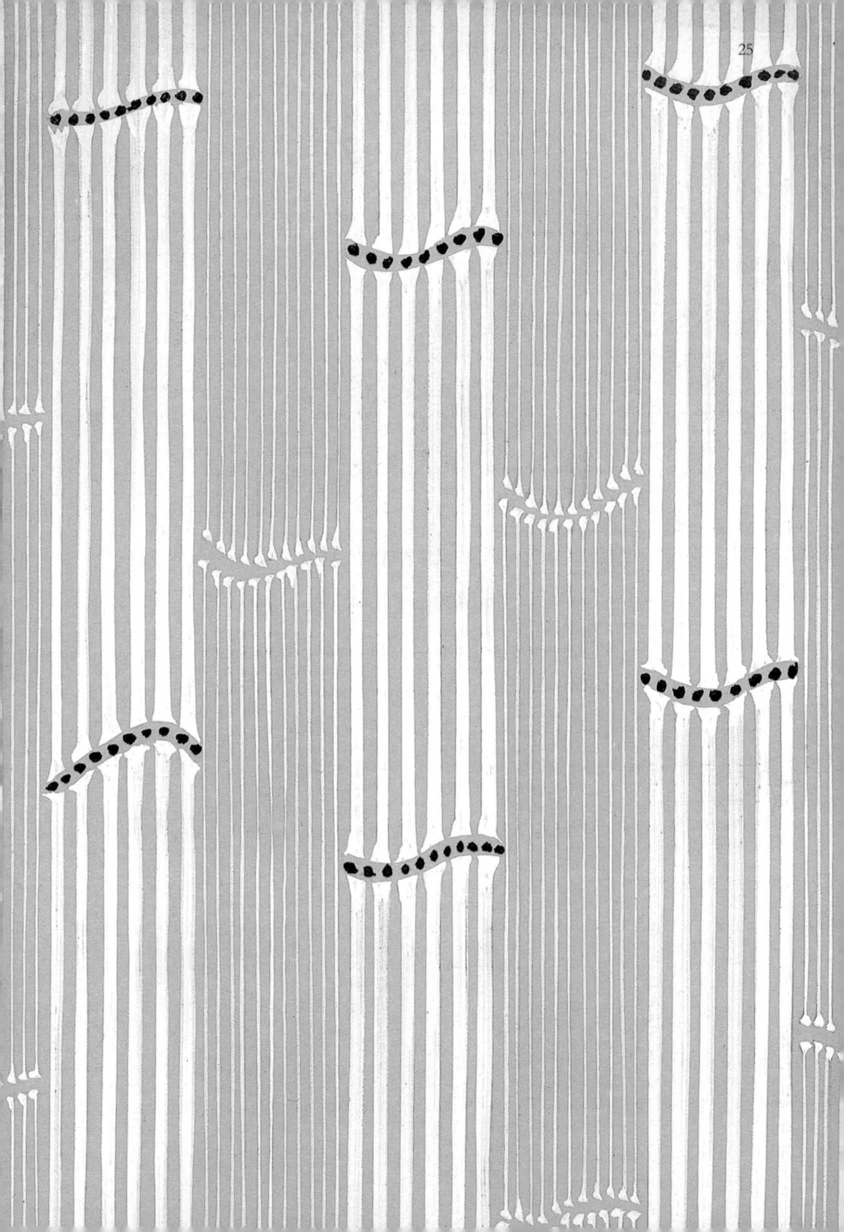

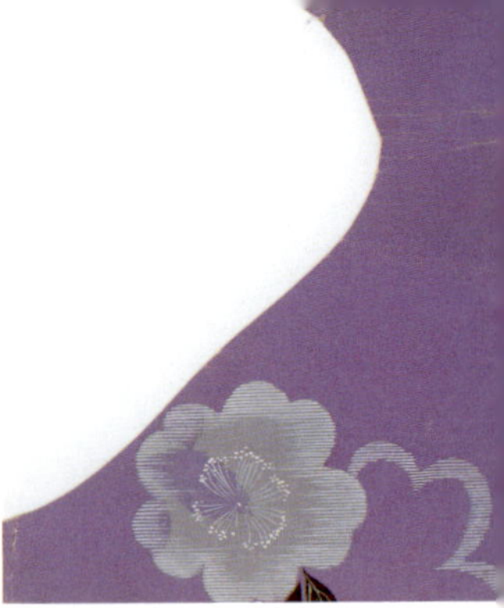

41

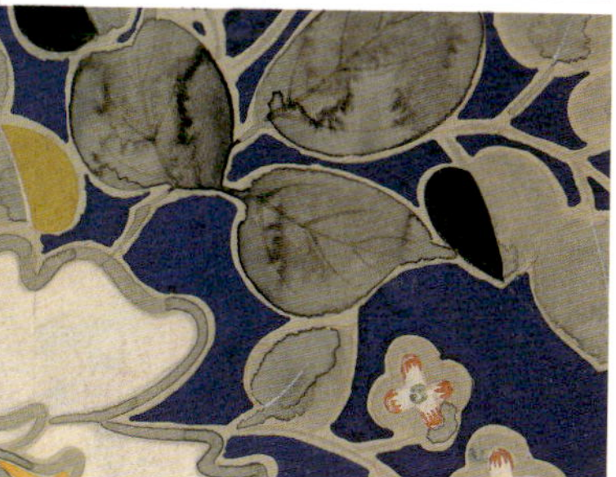

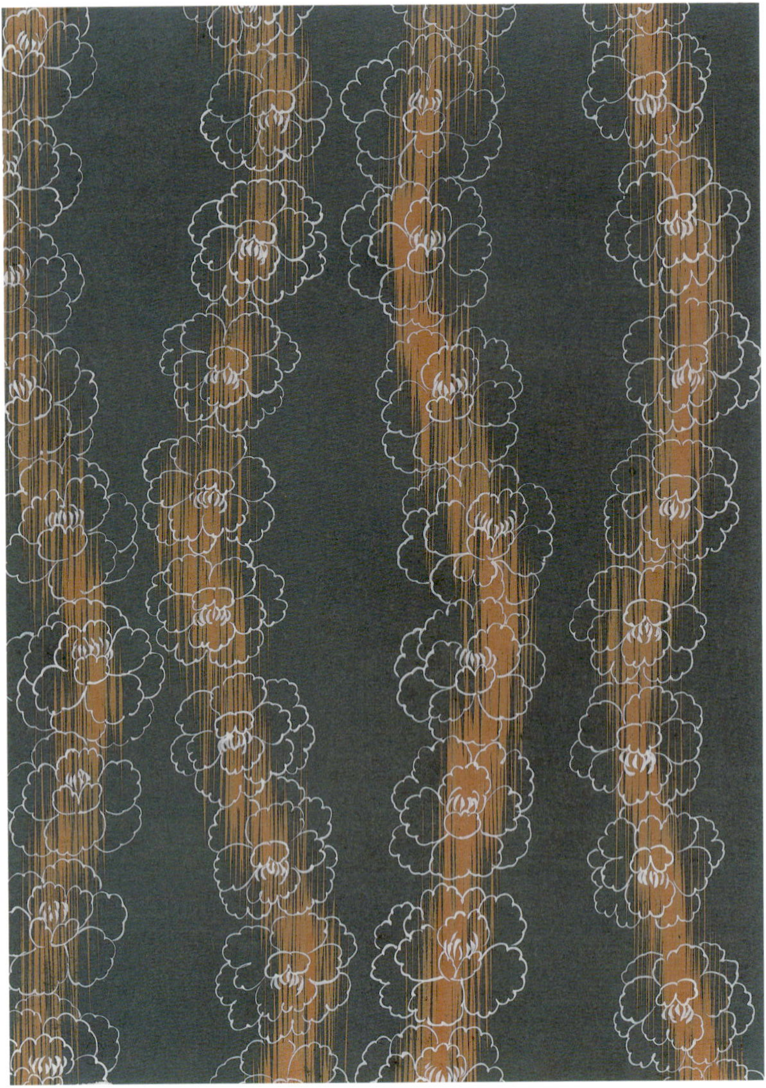

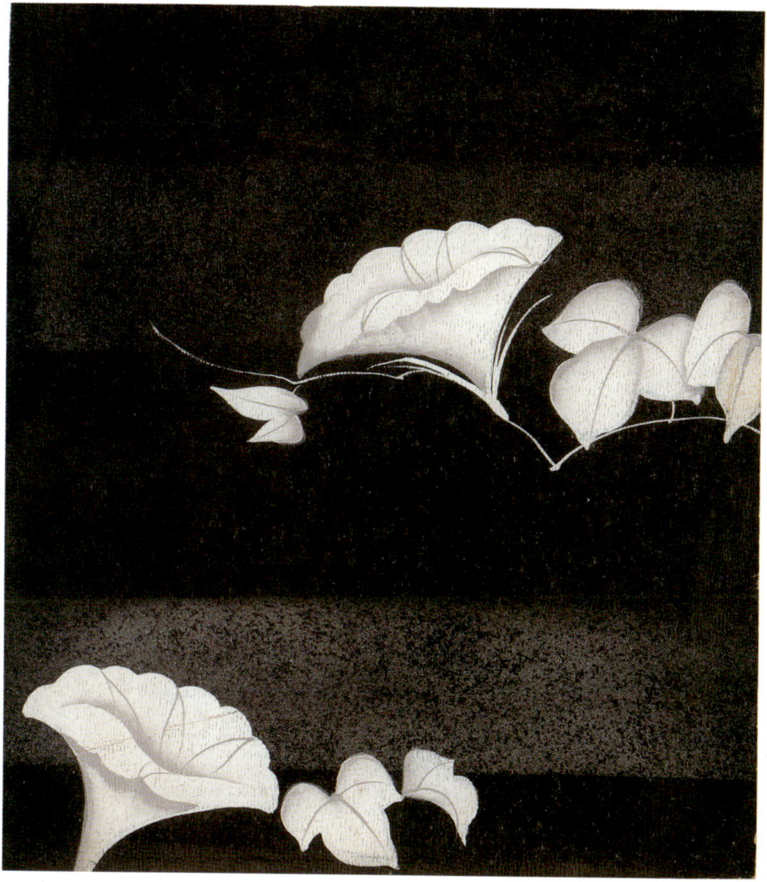

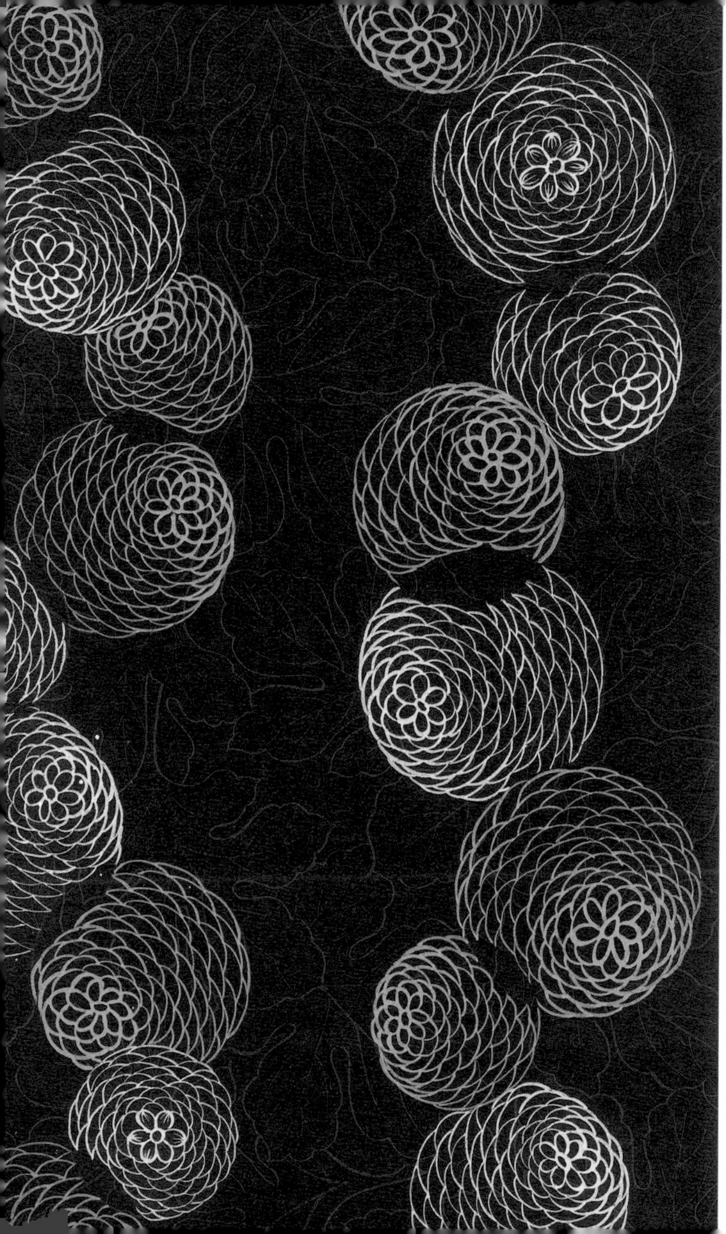

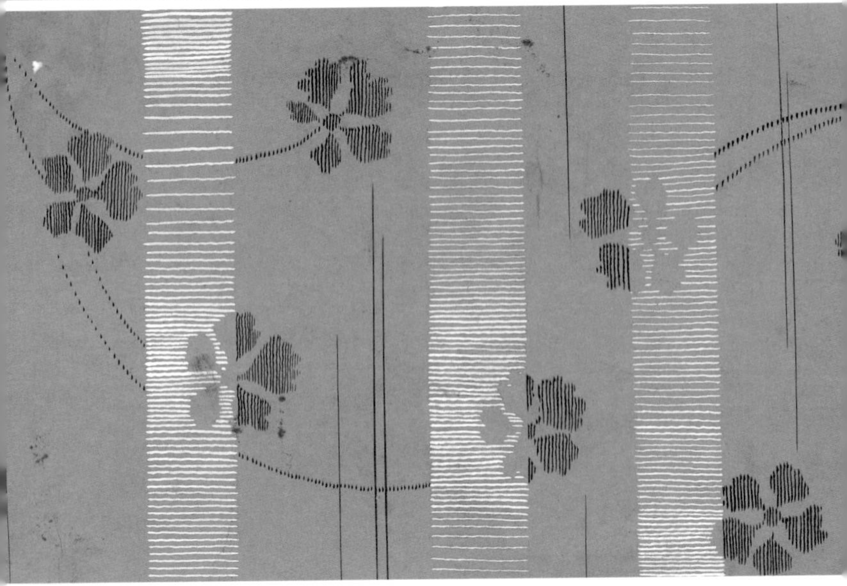

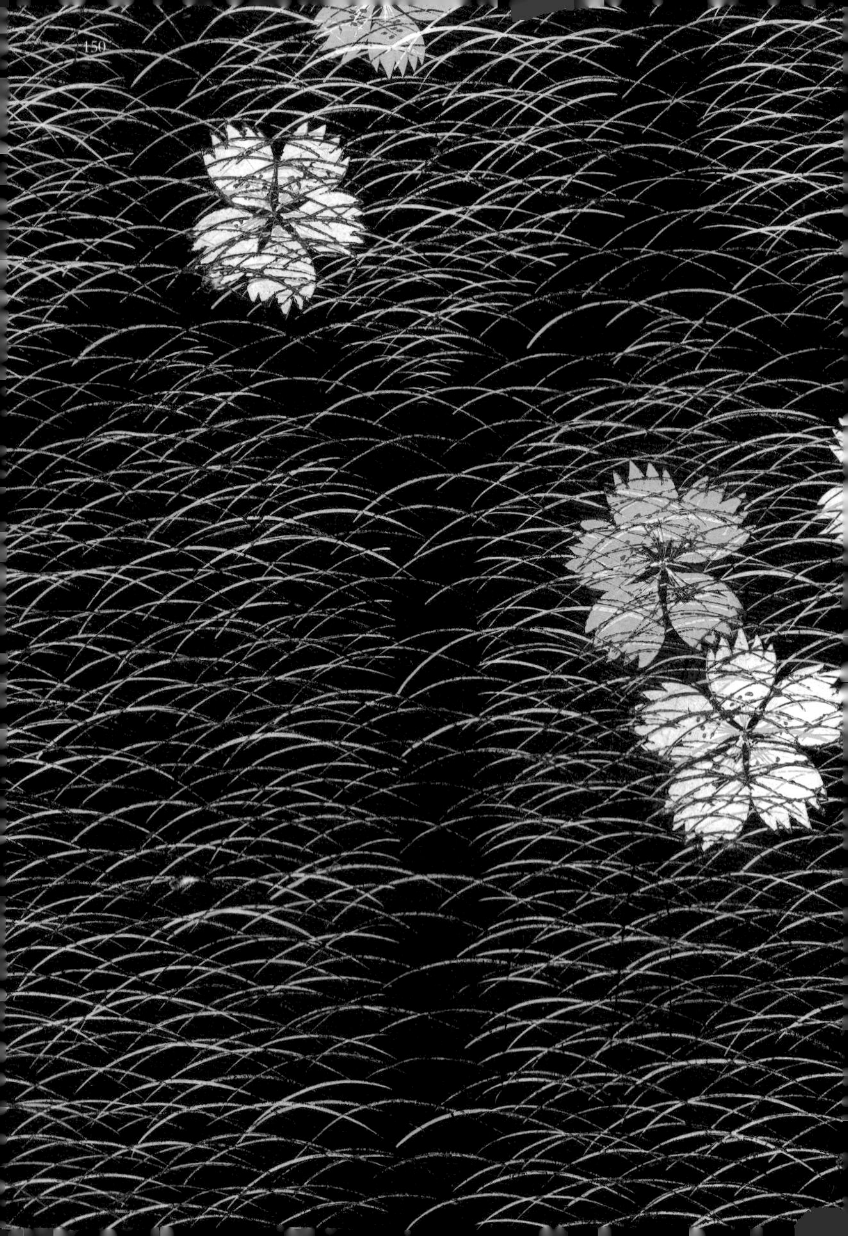

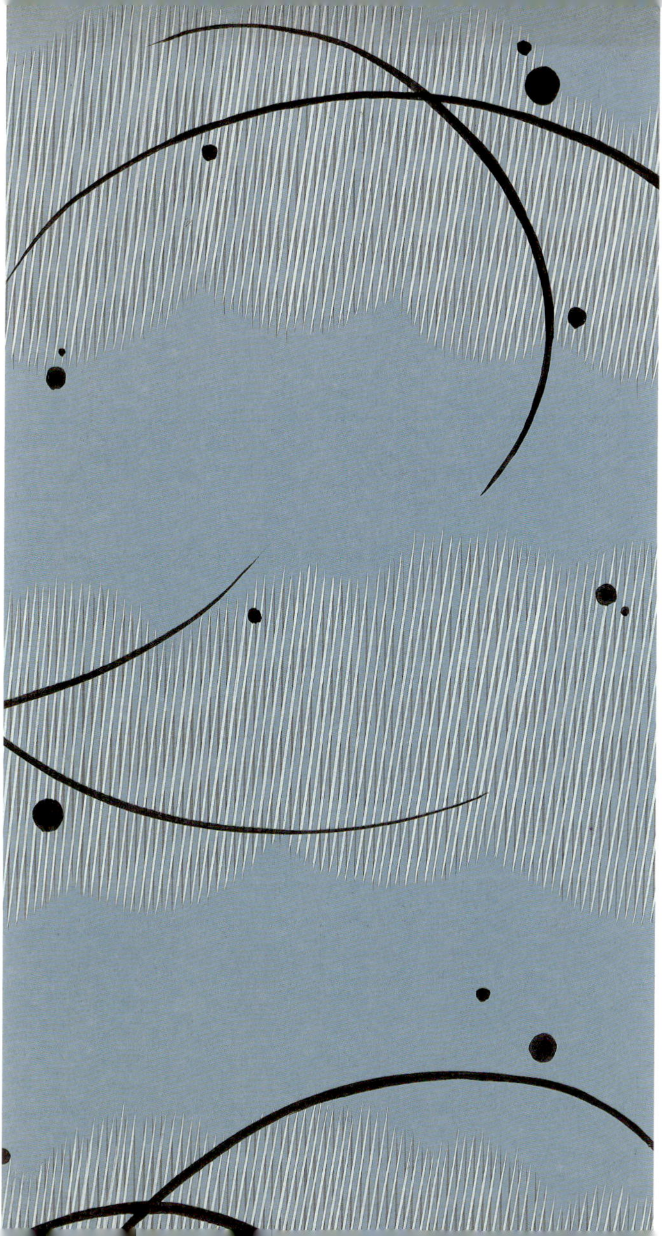

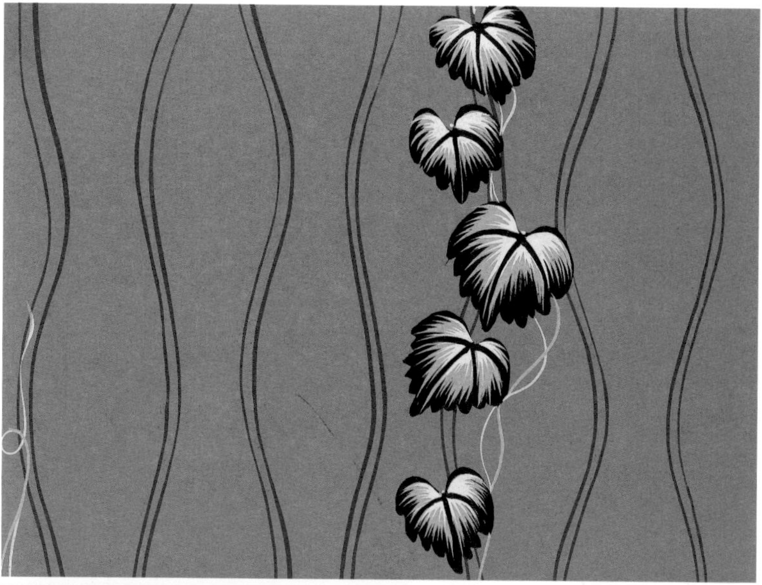

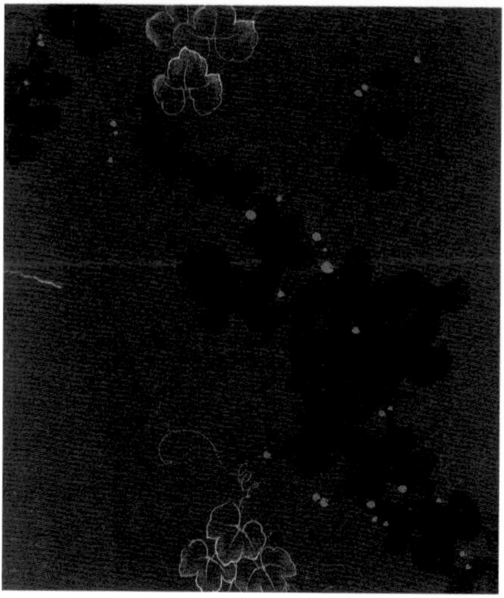

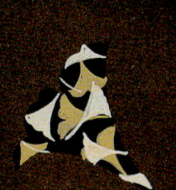

第七拾五號
七枚形

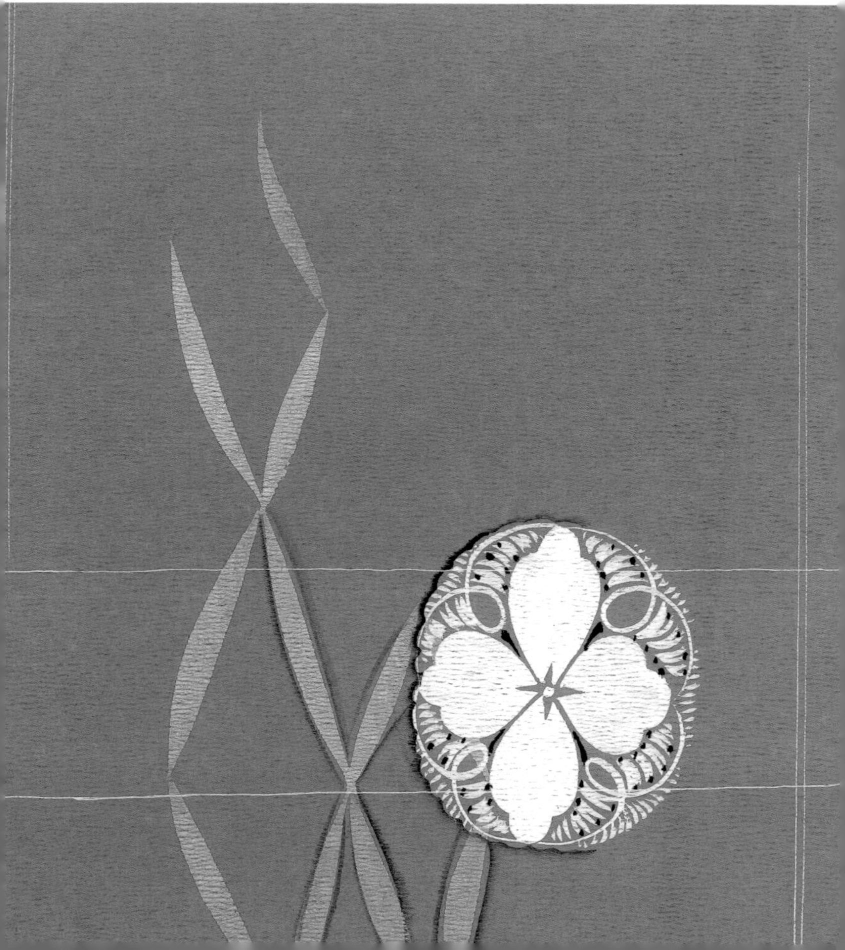

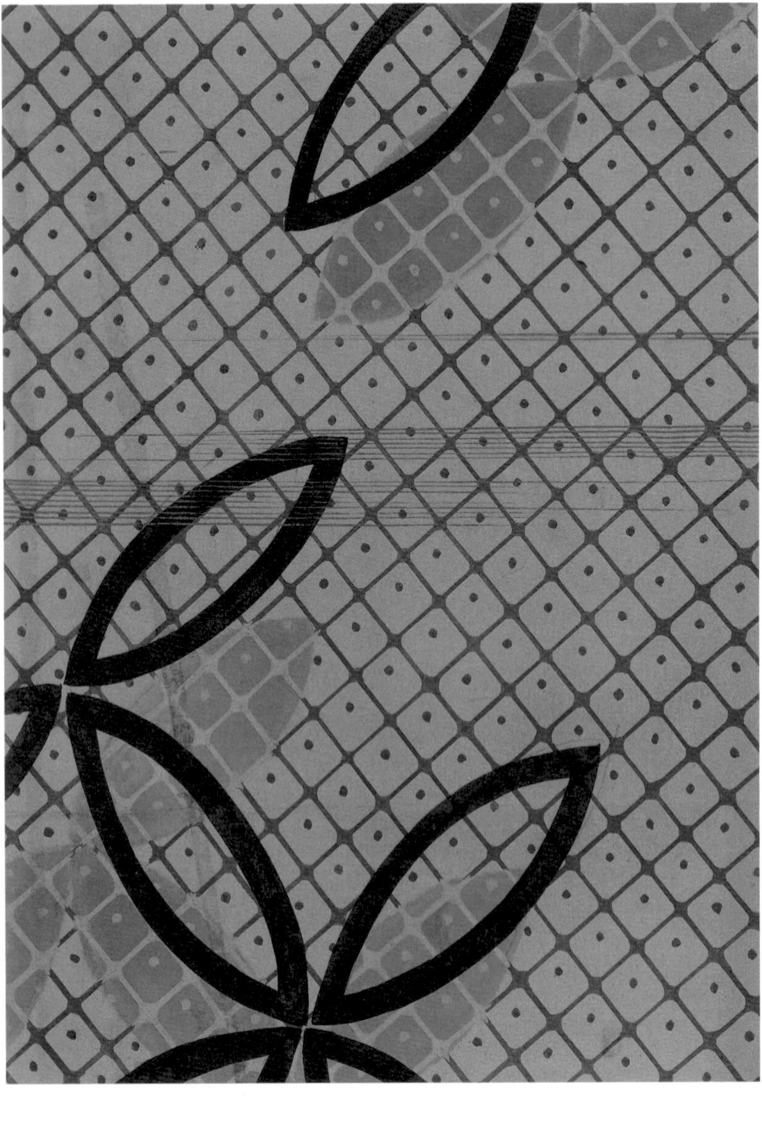

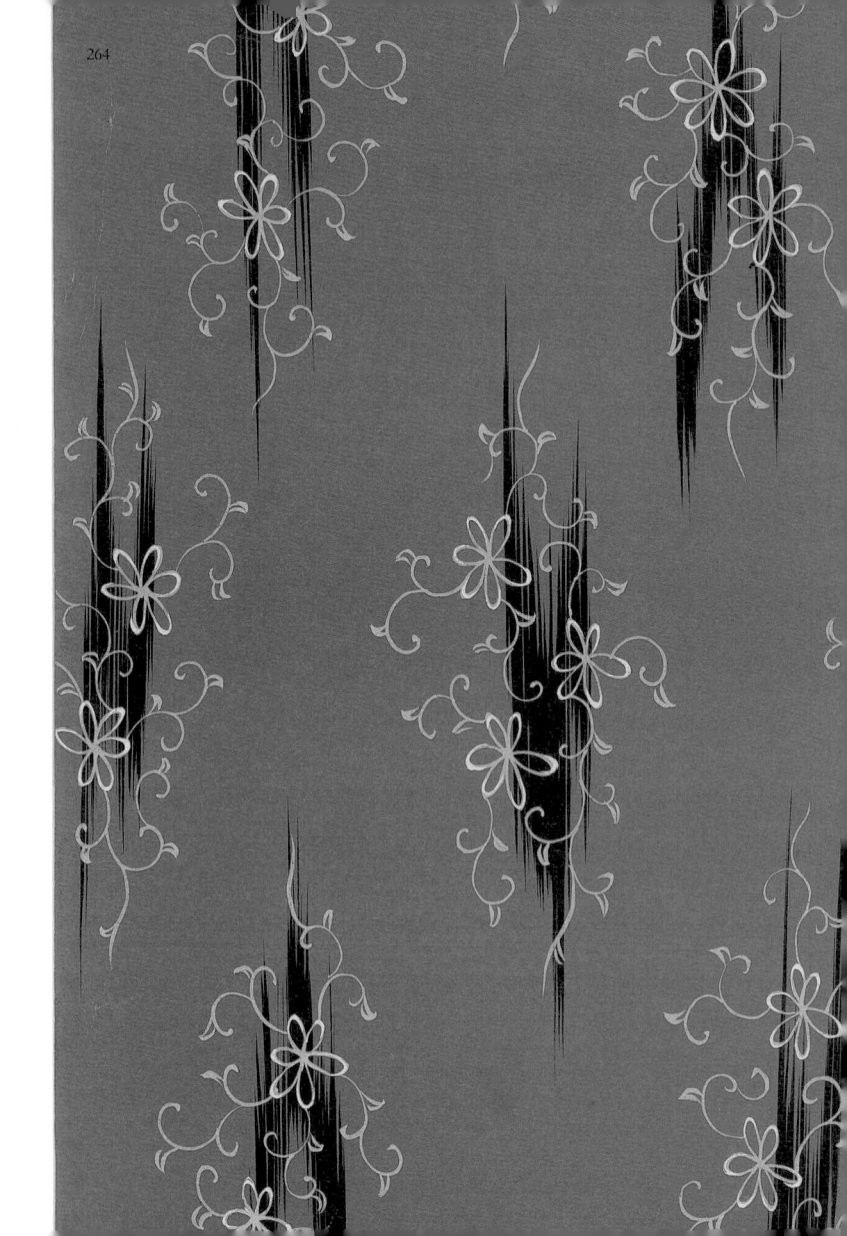

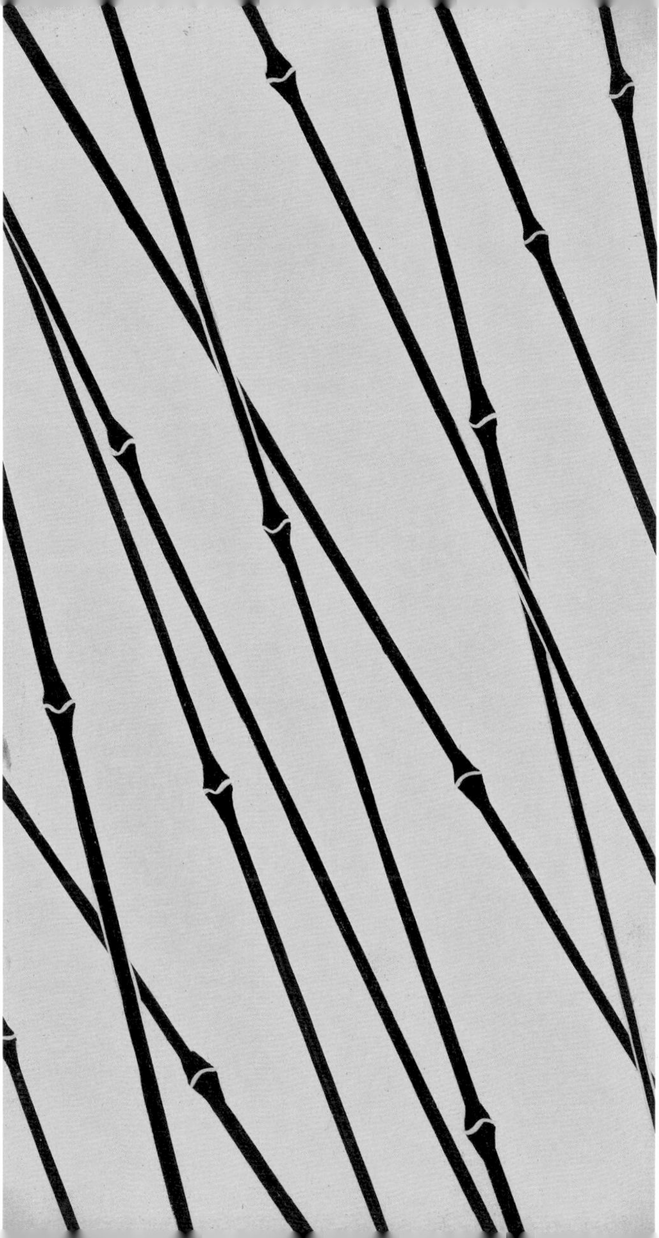

さゝら萩
つゞく

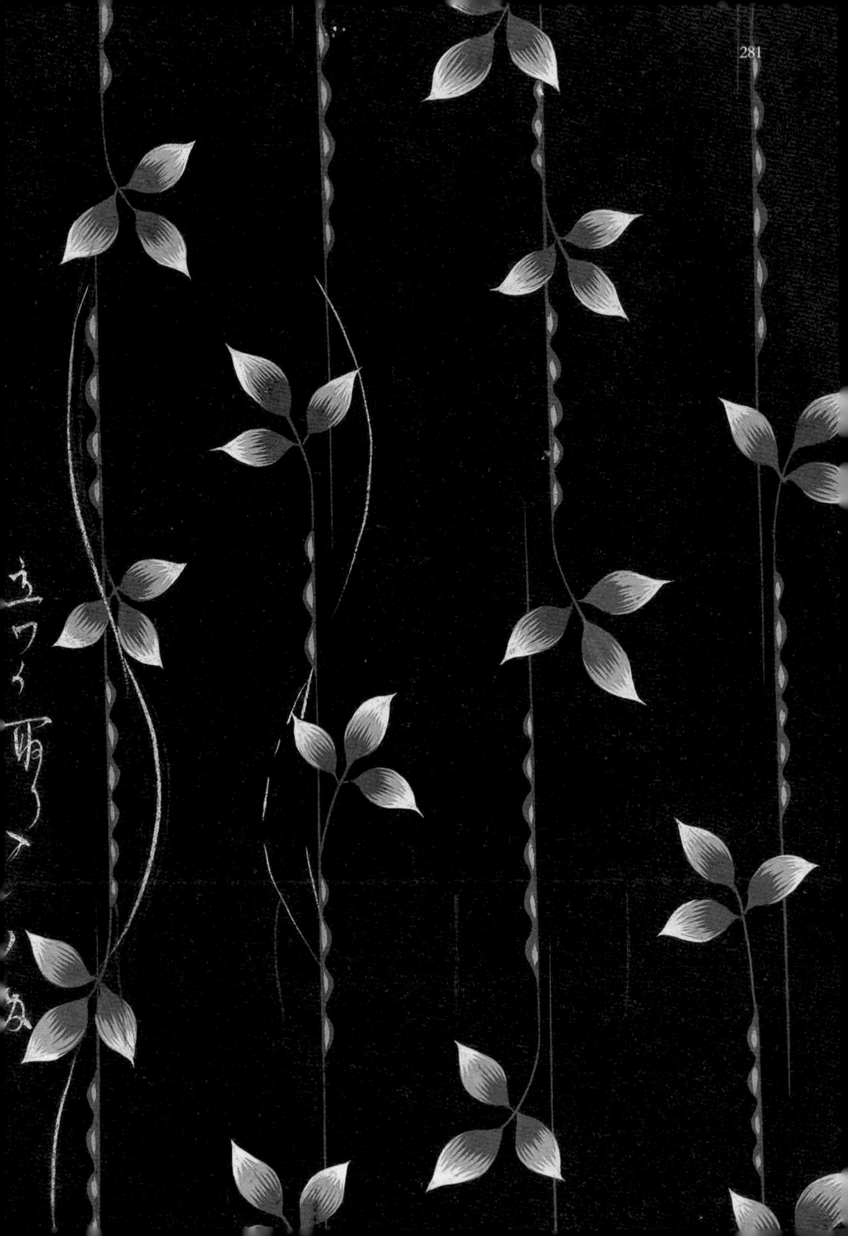

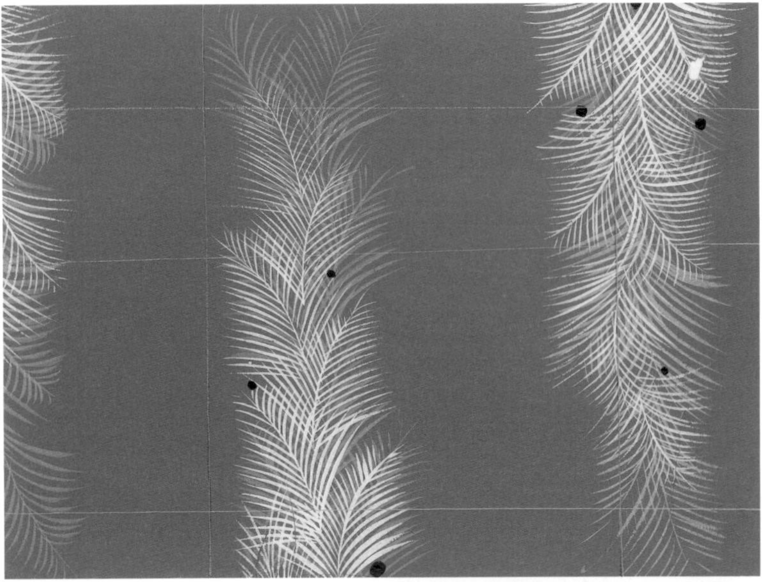

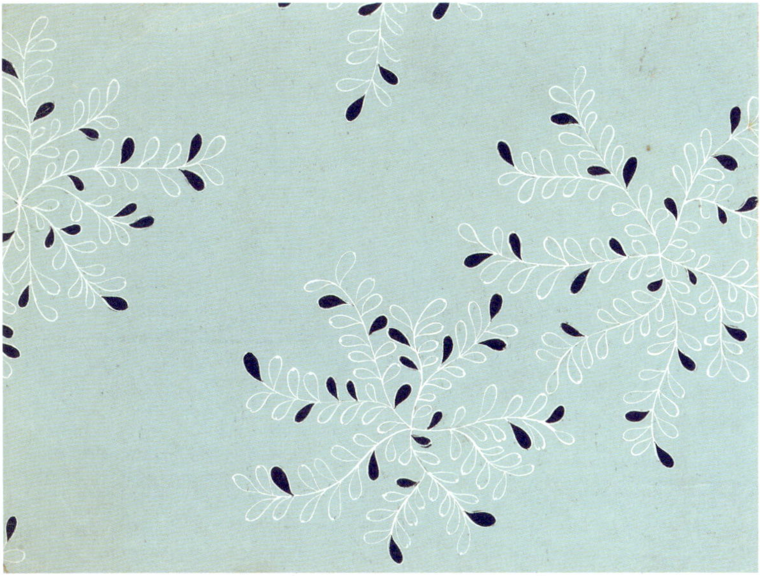

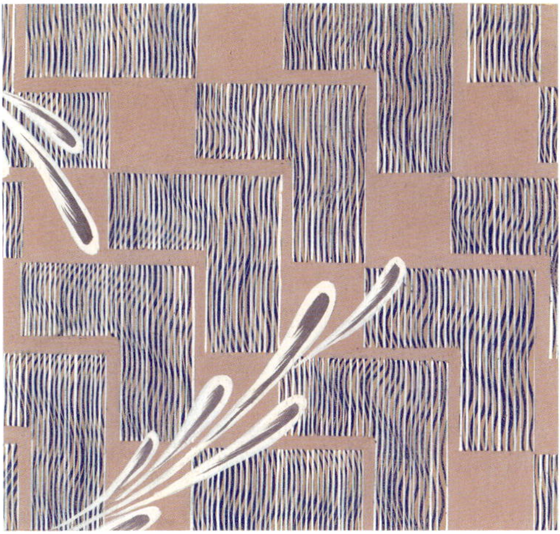

田畑コレクション

古型絵図 華

平成二十七年一月十五日　初版一刷　発行

編　五代 田畑喜八

発行　浅野泰弘

発行所　光村推古書院株式会社
604-8257　京都市中京区堀川通三条下ル　橋浦町217-2
PHONE075-251-2888　FAX075-251-2881

印刷　ニューカラー写真印刷株式会社

デザイン　辻恵里子（ニューカラー写真印刷）
進行　山本哲弘（ニューカラー写真印刷）
編集　大西律子（光村推古書院）

ISBN978-4-8381-0519-9

人間国宝 三代

田畑喜八の草花図

編／五代 田畑喜八

本体2,000円
163mm×121mm　総256頁

染織家として初めて人間国宝になった三代田畑喜八は、竹内栖鳳とともに幸野楳嶺に日本画を学び、その後、家業の染織業を継いだ。本書は日本画を修業していた時代に描かれた貴重な写生帖を収録。草花を真摯に見つめ、丁寧に書きとめた写生帖は、絵画やデザインを学ぶ者にも最適なお手本となる。

東京藝術大学大学美術館所蔵

柴田是真の植物図

編著／横溝廣子・薩摩雅登

本体2,000円
163mm×121mm　総320頁

東京藝術大学大学美術館所蔵の柴田是真の下絵集。昭和20年に戦災で焼失した明治宮殿内の千種之間と呼ばれた140畳相当の広間の格天井に張られた綴錦の下絵や、柴田是真が長年にわたって描きためた95冊の写生帖から、最も巧みな花や植物の写生を選び掲載。

田畑コレクション

古型絵図　華

編／五代 田畑喜八

本体2,000円
163mm×121mm　総320頁

本書に収録した図案は、明治から大正、昭和の初期にわたって考案された伊勢型紙の絵摺りで、草花文様を中心に構成した。先人によって創案され、長い歴史の試練を経てきた文様の数々は、染織界はもちろんのこと、デザインを必要とするあらゆる分野の人々が活用できるデザインソースの宝庫である。

田畑コレクション

古型絵図　麗

編／五代 田畑喜八

本体2,000円
163mm×121mm　総320頁

本書に収録した図案は、明治から大正、昭和の初期にわたって考案された伊勢型紙の絵摺りで、幾何文様を中心とし、動物や虫、道具など多岐にわたる文様で構成した。先人によって創案され、長い歴史の試練を経てきた文様の数々は、染織界はもちろんのこと、デザインを必要とするあらゆる分野の人々が活用できるデザインソースの宝庫である。